yamm!

VEGANE UND VEGETARISCHE REZEPTE

FLAGSHIP, 1010 WIEN, UNIVERSITÄTSRING 10

NICHTS AUF DER WELT
IST SO MÄCHTIG
WIE EINE IDEE, DEREN
ZEIT GEKOMMEN IST!

VICTOR HUGO (1802–1885)

Bevor Sie jetzt zum Kochlöffel greifen und eines der Rezepte zubereiten, möchten wir Sie kurz in unser Restaurant und unsere Küche einladen. Das Motto **„yamm! Mir schmeckt das Leben!"** steht für Lebensfreude, Genuss, Individualität, Vielfalt, Design, Nachhaltigkeit und Verantwortung.

Worauf wir beim Essen und Genießen Wert legen, welche Menschen bei uns arbeiten, wie es täglich so bei uns abläuft – darüber möchten wir Ihnen auf den nächsten Seiten mehr erzählen. Tauchen Sie ein in die kulinarische Welt von **yamm!**.

Wählen Sie anschließend aus den Rezepten nach Lust und Laune aus. Sie finden in diesem Kochbuch vegetarische und vegane Ideen für zu Hause. Die Rezepte sind inspiriert von Speisen aus aller Welt: Raffinierte Kreationen der gutbürgerlichen Küche sind genauso vertreten wie italienische oder asiatische Köstlichkeiten, orientalisch duftende Currys oder süße Naschereien aus unserer Backstube.

Für alle, die schon immer wissen wollten, wie unsere „Bestseller" zubereitet werden, welche Gewürze wir verwenden oder wie es möglich ist, dass Kuchen auch vegan so gut schmecken: In diesem Buch verraten wir Ihnen gut gehütete „Küchengeheimnisse"!

Die für Sie gewählten Rezepte sind für viele Gelegenheiten passend. Von einer großen Auswahl an Salaten und Vorspeisen – ideal für ein schnelles, leichtes Mittagessen oder eine sommerliche Abendmahlzeit – bis zu beliebten Hauptspeisen wie Currys, Knödel, Lasagne oder Aufläufen. Mal schnell und einfach und dann wieder kreativ und raffiniert. Abgerundet wird der gesunde Genuss durch leckere Desserts. Unser Küchenchef, 2-Hauben-Koch, Walter Schulz und sein Team haben für Sie ihre persönlichen Lieblingsrezepte zusammengetragen. Entdecken Sie die genussvolle Erlebniswelt von **yamm!**.

Hinter der Erfolgsgeschichte vom **yamm!** steht das Unternehmer-Ehepaar Dr. Monika Csigó und Dr. Markus Teufel. Zu Beginn des Jahres 2007 hatten die beiden ein Grobkonzept erarbeitet und rasch kamen sie zum Entschluss, diesen „Lebenstraum" zu realisieren. Es folgten arbeitsreiche Wochen, wo jeder für sich Namen und Logos entwarf, dann wurde gegenseitig präsentiert.

Wie bei der Namenssuche für ein geliebtes Kind wurde nach mehreren Durchgängen und einer Wahl der drei Besten ein Sieger gekürt. Aber die Freude währte nur kurz, die Begeisterung und Überzeugung fehlte. Also zurück zum Start! In diesem Stadium erfolgte die Abkehr von konkreten Namen zu spontanen Ausdrücken und Ausrufen – und Frau Dr. Csigó erfand „**yamm!**".

yamm! steht für einen spontanen Ausdruck der (Lebens-)Freude und vermittelt in möglichst vielen Sprachen das Gefühl, dass etwas gut ist und dass man sich wohlfühlt

Mit **yamm!** war ein positiv, fröhlich und sympathisch klingender Name gefunden. Kurz danach hatte Frau Dr. Csigó auch noch die Idee zum **yamm!**-Logo. Die organische Form ist eine grafische Darstellung der positiven Exklamation und verkörpert etwas Weiches, leicht Feminines. So unterstreicht das **yamm!**-Logo den spontanen Ausdruck der (Lebens-)Freude.

Die **yamm!**-„Sprechblase" ist bewusst nicht symmetrisch, sondern an allen drei Seiten unterschiedlich. So soll auch das **yamm!** sein: sich wandelnd, vielfältig und angenehm rund.

Wir lieben es, unsere Gäste zu verwöhnen! Das Restaurant ist so konzipiert, dass es Wohlfühlinseln für unterschiedliche Zielgruppen gibt. Unsere Gästestruktur ist bunt gemischt: Einzelpersonen oder Geschäftsleute, die zum Frühstück oder auf ein gesundes, schnelles Mittagessen vorbeikommen; Studenten, die nachmittags unsere Galerie zum Chillen nutzen; Menschen, die auf ökologisch nachhaltige Ernährung Wert legen oder das vegetarische und vegane Angebot schätzen; Mütter mit Kindern und Freunde, die zum Plaudern und Genießen vorbeikommen. Menschen aus unterschiedlichsten Berufsgruppen, in allen Altersstufen und aus vielen Ländern der Welt – Wien ist ein beliebtes Ziel für Touristen – genießen das Wohlfühlambiente und das sofort verfügbare frische Angebot der Buffetinsel.

Das **yamm!** hat viele Gesichter und soll ein Treffpunkt der Generationen und der verschiedensten Kulturen sein.

Eine Auszeit im **yamm!** lässt Raum und Zeit vergessen – bei verführerischen Speisen und passendem Sound. Ein besonderes Ambiente bieten Bar und Lounge. Unsere erfahrenen Barkeeper verwöhnen Sie mit klassischen Drinks und kreativen Eigenkompositionen.

In der warmen Jahreszeit ist auch unser großzügiger Gastgarten sehr beliebt und lädt zum Verweilen ein. Vielleicht waren Sie schon einmal bei uns und erinnern sich jetzt an gemütliche, genussvolle Stunden oder Sie bekommen Lust, einmal vorbeizuschauen.

Wir freuen uns auf Ihren Besuch!

Herzstück unseres Lifestyle-Restaurants ist die Buffetinsel. Sie bildet das Zentrum des Lokals, an dem sich alle selbst bedienen können.

yamm! steht für gesunde Kost, die bekömmlich und bequem zugänglich ist. Der Gast stellt ganz nach eigenen Vorstellungen sein persönliches Menü zusammen, legt die gewünschte Menge fest und bezahlt nur das, was er gewählt hat. Auch ein schneller Imbiss soll zum stressfreien Auftanken mit Genuss werden.

Am Buffet finden unsere Kunden rund 50 verschiedene Spezialitäten, wovon zahlreiche Speisen vegan, laktosefrei oder glutenfrei sind. Die Speisen sind mit den entsprechenden Symbolen gekennzeichnet:

- Laktosefrei
- Glutenfrei
- Vegan
- Scharf
- Schmeckt Kindern
- Leichte Küche

Im **yamm!** findet jeder sein Lieblingsgericht. Ob Klein oder Groß, die reichhaltige Auswahl bietet allen etwas. Die einzige Entscheidung, die wir unserem Gast – und jetzt auch Ihnen – nicht abnehmen können: Was möchten Sie zuerst probieren?

yamm! steht für vegetarische und vegane Speisen aus frischen, regionalen Zutaten, die ohne künstliche Zusatzstoffe zubereitet werden. Frisches, vorwiegend biologisches, internationales, schmackhaftes Essen der vegetarischen und veganen Küche bietet eine gesunde Alternative.

Unser oberstes Ziel ist es, qualitativ hochwertige Speisen zu kreieren, und das ohne Fisch oder Fleisch.

Wir „leben" unsere Vision und beweisen unseren Gästen mit kulinarischen Highlights, dass vegetarisch mehr sein kann als nur eine Auswahl an Salaten. **yamm!** möchte niemanden belehren, sondern überzeugen. Davon, dass andere Wege und das Weglassen von alten Gewohnheiten oftmals den Genuss und die Lebensfreude steigern können. **yamm!**-Kreationen schmecken hervorragend und fördern zusätzlich Gesundheit und Vitalität.

Dies stellen unsere ErnährungsberaterInnen, mit denen wir kooperieren, sicher. Neues ausprobieren, sich öffnen für Fremdes, sich von Geschmackserlebnissen überraschen lassen – das ist das Ziel unseres saisonal wechselnden vegetarischen und veganen Angebots im **yamm!**.

Wir verwenden im **yamm!** ausschließlich hochwertige, vorwiegend regionale und saisonale Zutaten aus biologischem Anbau beziehungsweise fairem Handel. Bei der Wahl unserer Lieferanten achten wir sorgfältig auf Nachhaltigkeit, Recycling und Ökobilanzen. Wir setzen auf langfristige Partnerschaften mit kleinen, regional verwurzelten

Strukturen in der Landwirtschaft und den verarbeitenden Betrieben, schonen die Umwelt durch kurze Transportwege und garantieren Ihnen kompromisslose Frische.

Unser Küchenchef Walter Schulz, mit zwei Hauben gekürt, ist in der österreichischen Kochszene wohlbekannt. Er kreiert mit seinem Team im **yamm!** Speisen mit teils schon vergessenen alten Getreidesorten, seltenen Kräutern und Rezepten aus aller Welt. Klassische Rezepturen wie „Grammelknödel" wurden behutsam von ihm zu einer vegetarischen Variante umgearbeitet – und das Ergebnis ist ebenso köstlich wie erstaunlich. Liebhaber der vegetarischen Kost landen unweigerlich bei den Küchenschätzen der asiatisch-indischen Küche. Mit heimischen Zutaten gelingt ihm auch hier eine bemerkenswerte Crossover-Küche.

Bevor Sie jetzt in die Küche starten und Ihr Lieblingsgericht nachkochen, noch ein paar Worte zu den folgenden Rezepten. Gelungene Speisen verlangen nach hochwertigen Zutaten. Wenn Sie diese eingekauft haben oder sich vielleicht sogar mit Zutaten aus dem eigenen Garten versorgen können, kann es gleich losgehen. Ein Tipp aus der Restaurantküche: Geben Sie der Mise en place eine Chance. Sie ist zwar unüblich in Privatküchen, in Restaurants geht aber nichts ohne sie. Gemeint ist damit das Herrichten und Abwiegen von Zutaten, das Bereitstellen von Geschirr und Geräten

– gut vorbereitet macht das Kochen dann richtig Spaß! Damit alles flott und reibungslos abläuft, empfehlen wir wirklich scharfe Messer, einen guten Sparschäler, eine Gemüsereibe und einen leistungsstarken Pürierstab. Töpfe in unterschiedlichen Größen und eine gute Pfanne sollten auch vorhanden sein.

Die Rezepte auf den folgenden Seiten sind in der Regel für zwei oder vier Portionen berechnet. Erfahrungsgemäß lässt sich kein Rezept aufs Gramm genau so reproduzieren, wie es einmal zubereitet und aufgeschrieben wurde. Unterschiede bei den Lebensmitteln – Sorte, Reifegrad und Wassergehalt, Konsistenz und Alter – sind naturgemäß vorhanden. Auch Temperaturschwankungen – sei es bei den Zutaten (Zimmertemperatur oder aus dem Kühlschrank), am Herd oder im Backofen – beeinflussen die Rezepturen. Deshalb finden Sie viele Angaben als EL, TL oder Prise oder ein „ca." beziehungsweise „von – bis" bei der Zeitangabe.

Die Garzeiten sind generell knapp bemessen. In der Vergangenheit wurde Gemüse häufig übergart, was auf Kosten des Geschmacks ging und auch Nährstoffverluste zur Folge hatte. Verlassen Sie sich beim Kochen ruhig auf Ihre Erfahrung, Ihr Fingerspitzengefühl, auf Ihre Nase und Ihren Gaumen. Die Hände bleiben ohnehin das wichtigste Werkzeug in der Küche – also los geht's! Ärmel hochkrempeln, auf in die Küche und viel Vergnügen beim Nachkochen und Essen!

ALTE

BUNT UND VIELFÄLTIG

PASTASALAT YAMM!

100 g Pasta (z. B. Farfalle, Muscheln, Spiralen) | Salz, Pfeffer | 2 Stangensellerie | 2 Jungzwiebeln | 1 Tomate | 50 g Rucola | 50 ml Olivenöl | 4 EL Balsamico Bianco | 5 schwarze Oliven | 20 g Mandeln

1. Pasta in Salzwasser al dente kochen, abgießen und ausdampfen lassen.
2. Mandeln grob hacken und in einer beschichteten Pfanne einige Minuten rösten.
3. Stangensellerie waschen, putzen und in dünne Streifen schneiden.
4. Jungzwiebeln waschen, putzen und in feine Ringe schneiden.
5. Tomate mit kochendem Wasser kurz überbrühen, häuten, halbieren, entkernen und in kleine Würfel schneiden.
6. Rucola waschen und gut abtropfen lassen.
7. Aus Olivenöl, Balsamico Bianco, Salz und Pfeffer ein Dressing bereiten und mit lauwarmer Pasta, Gemüse und Oliven gut vermischen.
8. Mit Mandeln und Rucola bestreut servieren.

2 Personen | Pro Portion ca. 500 kcal, 11 g Eiweiß, 23 g Fett, 40 g Kohlenhydrate
Laktosefrei | Schmeckt Kindern

Salate

ARABISCHER RISONISALAT

100 g Dinkel-Risoni | Salz, Pfeffer | 1 Zucchini | 1 Tomate | ½ Salatgurke | ½ Bund Petersilie |
½ Bund Koriander | ½ TL Oregano, getrocknet | Saft einer ½ Zitrone | 1 TL Ras el Hanout |
1 TL Harissa (oder Tomatenmark mit Cayennepfeffer) | 3 EL Balsamico Bianco | 4 EL Olivenöl |
Zitronenspalten und Koriander zum Garnieren

1. Risoni in Salzwasser aufkochen und 10 Minuten bissfest kochen.
2. Gemüse waschen, putzen und in kleine Würfel schneiden.
3. Kräuterblättchen fein hacken und mit Zitronensaft, Gewürzen, Balsamico Bianco, Olivenöl, Salz und Pfeffer zu einer Paste verrühren.
4. Risoni und Gemüse mit der Paste gut vermischen.
5. Salat mit Zitronenspalten und Koriander garnieren.

Risoni oder Risi ist eine Pastavariante, die aus Hartweizengrieß hergestellt wird - auch bekannt als Nudelreis.

2 Personen | Pro Portion ca. 400 kcal, 10 g Eiweiß, 21 g Fett, 41 g Kohlenhydrate

Laktosefrei | Vegan | Scharf | Leichte Küche

ROTKOHL-TOFU-SALAT

½ kleiner Rotkohl | 50 g Erdnüsse, ungesalzen | 1 Stück Ingwer, ca. 1 cm | 2 Knoblauchzehen | 100 g Tofu | 3 EL süße Chilisauce (siehe Rezept Seite 43) | 3 EL Sojasauce (glutenfrei) | 4 EL Sonnenblumenöl

1. Rotkohl waschen, vierteln, Strunk entfernen und fein schneiden.
2. Erdnüsse grob hacken.
3. Ingwer und Knoblauch schälen und fein hacken.
4. Tofu in Würfel schneiden.
5. In einer Schüssel die Chilisauce mit Ingwer, Knoblauch, Sojasauce und Öl zu einer Marinade vermischen.
6. Den Tofu mit der Marinade verrühren und ca. eine Stunde kalt stellen.
7. Den Rotkohl unterheben, mit Erdnüssen bestreuen und gleich servieren.

Laktosefrei | Glutenfrei | Vegan | Scharf

Salate

FENCHEL-TOMATEN-SALAT

2 Tomaten | 1 Fenchel | ½ Bund Petersilie | 1 Zitrone | 1 TL Agavendicksaft | Salz |
1 Prise Koriander, gemahlen | 1 EL Sojajoghurt

1. Tomaten waschen und in Würfel schneiden.
2. Fenchel waschen, Grün beiseitelegen, Knolle vierteln, Strunk entfernen und in dünne Streifen schneiden.
3. Petersilienblättchen fein hacken.
4. Zitrone auspressen.
5. In einer Schüssel aus Zitronensaft, Agavendicksaft, Salz, Koriander und Sojajoghurt eine Marinade zubereiten. Gemüse damit vermischen.
6. Mit Fenchelgrün garniert servieren.

2 Personen | Pro Portion ca. 80 kcal, 4 g Eiweiß, 1 g Fett, 13 g Kohlenhydrate
Laktosefrei | Glutenfrei | Vegan | Leichte Küche

WALDSTAUDEKORN-BIRNEN-SALAT

100 g Waldstaudekorn-Reis | 4 Stangensellerie | 2 Jungzwiebeln | 1 Gelbe Rübe | 1–2 Birnen |
4 EL Apfelessig | 1 TL Ahornsirup | 2 EL Olivenöl | ½ TL Koriander, gemahlen |
½ TL Currypulver | Salz | Birnenspalten und Minze zum Garnieren

1. Getreidereis mit der doppelten Menge Wasser aufkochen und zugedeckt bei mittlerer Hitze 20–25 Minuten ausquellen lassen. Bei Bedarf noch etwas Wasser zugeben.
2. Stangensellerie und Jungzwiebeln putzen, waschen und in dünne Ringe schneiden.
3. Gelbe Rübe waschen, putzen und in Scheiben schneiden.
4. Birnen waschen, vierteln, Kerngehäuse entfernen und in Würfel schneiden.
5. Aus Apfelessig, Ahornsirup, Olivenöl, Koriander, Currypulver und Salz eine Marinade bereiten.
6. Getreidereis mit Birnen vermischen, Marinade unterheben und mit Birnenspalten und Minze garniert servieren.

Waldstaudekorn ist eine in Europa beheimatete „alte" Getreidesorte – auch bekannt als „Johannisroggen", weil er um Johanni herum – 24. Juni – angebaut wird.

2 Personen | Pro Portion ca. 340 kcal, 6 g Eiweiß, 11 g Fett, 52 g Kohlenhydrate

Laktosefrei | Vegan | Schmeckt Kindern | Leichte Küche

27

ORIENTALISCHER QUINOASALAT

100 g Quinoa | Salz, Pfeffer | 1 rote Zwiebel | 1 Stück Ingwer, ca. 1 cm | 1 gelbe Paprikaschote | 1 Mohrrübe | 1 kleine Zucchini | ½ Bund Minze | 4 EL Olivenöl | 4 EL Balsamico Bianco | Saft von 1 Orange | 1 Prise Kurkuma, gemahlen | 1 TL Kreuzkümmel, gemahlen | 30 g Cranberrys, getrocknet

1. Quinoa in der doppelten Menge Salzwasser aufkochen und 20 Minuten ausquellen lassen.
2. Zwiebel und Ingwer schälen und fein hacken.
3. Paprikaschote und Zucchini in Würfel, Mohrrübe in dünne Scheiben schneiden.
4. Minze fein hacken.
5. Olivenöl mit Balsamico Bianco, Orangensaft, Kurkuma, Ingwer, Kreuzkümmel, Salz und Pfeffer zu einer Marinade vermischen.
6. Quinoa mit Gemüse, Zwiebel, Cranberrys und Marinade vermischen und mit Minze bestreut servieren.

Verwenden Sie „alte" Möhrensorten, wie z. B. Sorten, die innen orange und außen lila sind – so wird der Salat auch optisch ein Erlebnis!

2 Personen | Pro Portion ca. 480 kcal, 9 g Eiweiß, 18 g Fett, 56 g Kohlenhydrate
Laktosefrei | Glutenfrei | Vegan | Leichte Küche

SEITANSALAT

2 EL Kürbiskerne | 100 g Seitan | 2 Gewürzgurken | 1 kleine rote Zwiebel | 1 Kohlrabi |
3 EL Kürbiskernöl | 4 EL Apfelessig | 1–2 EL Wasser | Salz, Pfeffer | ½ TL Zucker

1. Kürbiskerne in einer beschichteten Pfanne anrösten und dann grob hacken.
2. Seitan und Gewürzgurken in dünne Streifen schneiden.
3. Zwiebel schälen und in Streifen schneiden.
4. Kohlrabi schälen und in Streifen schneiden.
5. Aus Kürbiskernöl, Apfelessig, Wasser, Salz, Pfeffer und Zucker eine Marinade bereiten.
   Seitan und Gemüse mit Marinade in einer Schüssel vermischen.
6. Mit Kürbiskernen bestreut servieren.

Seitan wurde ursprünglich von chinesischen und japanischen Zen-Buddhisten entwickelt und anstelle von Hühner- und Schweinefleisch verwendet. Hergestellt wird Seitan aus Gluten, dem wasserunlöslichen Klebereiweiß des Weizenmehls. Durch die bissfeste Konsistenz ist Seitan wunderbar für Salate geeignet.

2 Personen | Pro Portion ca. 440 kcal, 45 g Eiweiß, 23 g Fett, 14 g Kohlenhydrate
Laktosefrei | Vegan

31

salate

KÄFERBOHNENSALAT

½ rote Paprikaschote | ½ gelbe Paprikaschote | ½ grüne Paprikaschote | 1 kleine rote Zwiebel | 100 g Maiskörner (Dose, Glas) | 250 g Käferbohnen, vorgekocht (Dose) | 3 EL Kürbiskernöl | 4 EL Balsamico Bianco | Salz | halbierte Paprikaschoten zum Füllen und Zwiebelringe zum Garnieren

1. Paprikaschoten waschen, halbieren, entkernen und in dünne Streifen schneiden.
2. Zwiebel schälen und fein hacken.
3. Maiskörner und Bohnen in einem Sieb abgießen, mit Wasser spülen und abtropfen lassen.
4. In einer Schüssel aus Kürbiskernöl, Balsamico Bianco und Salz eine Marinade bereiten.
5. Paprika, Zwiebel, Maiskörner und Bohnen damit vermischen und kurz ziehen lassen.
6. Salat in halbierten Paprikaschoten anrichten und mit Zwiebelringen garnieren.

Feuerbohnen werden in Österreich Käferbohnen genannt und sind in Kombination mit Kürbiskernöl eine Spezialität des Bundeslandes Steiermark.

2 Personen | Pro Portion ca. 330 kcal, 15 g Eiweiß, 17 g Fett, 30 g Kohlenhydrate
Laktosefrei | Glutenfrei | Vegan

32

Salate

REISSALAT MIT AUSTERNPILZEN

70 g Wildreis | 500 ml Wasser | Salz | 100 g Basmatireis | 1 rote Paprikaschote | 1 Zwiebel | 1 Stück Ingwer, ca. 1 cm | Chilischote nach Geschmack | 150 g Austernpilze | 2 EL Sesamöl geröstet | 3 EL Reisessig oder Apfelessig | 3 EL Sojasauce (glutenfrei) | Korianderblätter zum Garnieren

1. Wildreis in Salzwasser aufkochen, nach 20 Minuten Basmatireis zugeben, weitere 7–12 Minuten kochen, dann abgießen.
2. Paprikaschote waschen, halbieren, putzen und in Streifen schneiden.
3. Zwiebel und Ingwer schälen und fein hacken.
4. Chilischote waschen, halbieren, entkernen und fein hacken.
5. Austernpilze in Streifen schneiden.
6. Sesamöl in einer Pfanne erhitzen und Zwiebel mit Ingwer und Chili anbraten.
7. Paprika und Austernpilze zugeben, kurz mitbraten.
8. Mit Essig ablöschen und vom Herd nehmen.
9. Reis untermischen, mit Sojasauce und Salz abschmecken und mit Korianderblättern garnieren.

2 Personen | Pro Portion ca. 450 kcal, 15 g Eiweiß, 12 g Fett, 70 g Kohlenhydrate
Laktosefrei | Glutenfrei | Vegan | Scharf

Salate

LINSENSALAT MIT ROTER BETE

150 g braune Linsen | 400–500 ml Wasser oder Gemüsebrühe | 1 Rote Bete, vorgegart | 1 rote Zwiebel | 1 Zitrone | ½ Bund Petersilie | 2 Zweige Minze | 4 EL Olivenöl | ½ TL Koriander, gemahlen | Salz | Rote Betescheiben und Minze zum Garnieren

1. Linsen in Wasser oder Gemüsebrühe aufkochen und zugedeckt bei mittlerer Hitze 30–35 Minuten weich kochen.
2. Linsen dann abgießen und auskühlen lassen.
3. Rote Bete in Würfel schneiden.
4. Zwiebel schälen und fein hacken.
5. Zitrone halbieren und Saft auspressen.
6. Kräuter waschen und fein hacken.
7. 1 EL Olivenöl in einer Pfanne erhitzen und die Zwiebel darin andünsten.
8. Linsen mit Roter Bete und Zwiebel in einer Schüssel vermischen und Zitronensaft, restliches Olivenöl, Salz, Koriander und Kräuter unterrühren. Salat mit Rote Betescheiben und Minzblättchen garnieren.

2 Personen | Pro Portion ca. 450 kcal, 19 g Eiweiß, 21 g Fett, 44 g Kohlenhydrate
Laktosefrei | Glutenfrei | Vegan

GLASNUDELSALAT

100 g Glasnudeln | 4 Stangensellerie | 2 Jungzwiebeln | 2 Knoblauchzehen | 2 Tomaten |
2 EL Sojasauce (glutenfrei) | 2 EL Sesamöl geröstet | 2 EL Reisessig | 1 EL Erdnussbutter |
Saft einer ½ Zitrone | 1 EL süße Chilisauce (siehe Rezept Seite 43)

1. Glasnudeln mit kochendem Wasser übergießen und 5 Minuten ziehen lassen.
2. Stangensellerie und Jungzwiebeln waschen, putzen und in dünne Ringe schneiden.
3. Knoblauch schälen und fein hacken.
4. Tomaten waschen und in Würfel schneiden.
5. Aus Sojasauce, Sesamöl, Reisessig, Erdnussbutter, Zitronensaft und Chilisauce eine
   Marinade bereiten.
6. Glasnudeln mit dem Gemüse vermengen und mit der Marinade gut vermischen.

2 Personen | Pro Portion ca. 380 kcal, 6 g Eiweiß, 15 g Fett, 53 g Kohlenhydrate
Laktosefrei | Glutenfrei | Vegan | Leichte Küche | Scharf

HAUPT

SPEISEN
AUS ALLER WELT

YAMM!-BALLS MIT SÜSSER CHILISAUCE

Für die süße Chilisauce:
Chilischote nach Geschmack | 2 Knoblauchzehen | 50 g Rosinen | ½ TL Galgantpulver | 100 ml Sojasauce (glutenfrei) | 50 ml Apfelessig | 1 EL Rohrzucker | 100 ml Wasser

Für die Balls:
1 Zwiebel | 2 EL Rapsöl | Chilischote nach Geschmack | 750 ml Wasser oder Gemüsebrühe | einige Safranfäden | 1 Prise Muskatnuss | Salz, Pfeffer | 200 g Risottoreis | 30 g Cornflakes | Öl zum Ausbacken

Zubereitung Sauce:

1. Chilischote waschen, halbieren, Kerne entfernen und grob zerkleinern.
2. Knoblauch schälen und ebenfalls grob zerkleinern.
3. Chili mit Knoblauch, Rosinen, Galgant und Sojasauce in der Küchenmaschine oder mit dem Pürierstab zerkleinern.
4. Das Chilipüree mit Essig, Zucker und Wasser unter Rühren aufkochen und zu einer dicken Sauce einkochen.

Zubereitung Balls:

1. Zwiebel schälen und fein hacken.
2. Rapsöl in einem Topf erhitzen und Zwiebel darin anbraten.
3. Chilischote waschen, halbieren, Kerne entfernen und fein hacken.
4. Die Zwiebel mit Wasser oder Gemüsebrühe aufgießen.
5. Dann Chili, Safran, Muskatnuss, Salz und Pfeffer zugeben und alles zum Kochen bringen.
6. Den Reis zugeben und unter Rühren aufkochen.
7. Zugedeckt bei kleiner Hitze 20 Minuten kochen, bis der Reis weich und die Flüssigkeit aufgesogen ist. Den Reis vom Herd nehmen und auskühlen lassen.
8. Aus dem Reis 12 Bällchen formen, in zerstoßenen Cornflakes wälzen und in heißem Öl ausbacken.

4 Personen | Pro Portion ca. 310 kcal, 5 g Eiweiß, 14 g Fett, 41 g Kohlenhydrate
Laktosefrei | Glutenfrei | Vegan | Scharf | Leichte Küche

SÜSSKARTOFFELSUPPE MIT AMARANTH

1 Zwiebel | 300 g Süßkartoffeln | 1 EL Rapsöl | Salz | 1 TL Currypulver | 750 ml Wasser oder Gemüsebrühe | 2 EL Amaranth, gepufft

1. Zwiebel und Süßkartoffeln schälen und in Würfel schneiden.
2. Rapsöl in einem Topf erhitzen und Zwiebel mit Süßkartoffeln anbraten.
3. Salz und Curry zugeben, kurz weiterrösten und dann mit Wasser oder Gemüsebrühe aufgießen.
4. 20 Minuten weich kochen.
5. Die Suppe dann pürieren und mit Amaranth bestreuen. Mit Süßkartoffelchips servieren.

Gepuffter Amaranth – Amaranthpops – ist im Drogeriemarkt, Reformhaus oder Bioladen erhältlich. Da Amaranth nach dem „Puffen" bereits gekocht ist, ist er eine wunderbar schnelle Zutat zum Verfeinern von Speisen. Amaranth zeichnet sich durch seinen hohen Eiweiß-, Vitamin- und Mineralstoffgehalt aus.

2 Personen | Pro Portion ca. 260 kcal, 4 g Eiweiß, 7 g Fett, 44 g Kohlenhydrate
Laktosefrei | Glutenfrei | Vegan | Schmeckt Kindern | Leichte Küche

PERUANISCHE KARTOFFELN

500 g Kartoffeln, festkochend | 2 Eier | 1 TL Zucker | 1 milde Pfefferoni | 200 g Frischkäse | Saft einer ½ Zitrone | Salz, Pfeffer | 1 EL Schmand (Sauerrahm) | 2-3 Zweige Petersilie oder etwas Kresse | 8 schwarze Oliven

1. Kartoffeln waschen, gut bedeckt mit Wasser ca. 20 Minuten weich kochen.
2. Kartoffeln abgießen, schälen und in ca. 0,5 cm dicke Scheiben schneiden.
3. Eier 8–10 Minuten kochen, bis sie hart sind.
4. Wasser mit Zucker aufkochen und die Pfefferoni kurz blanchieren.
5. Pfefferoni dann halbieren, Kerne entfernen und klein schneiden.
6. Frischkäse mit Pfefferoni, Zitronensaft, Salz, Pfeffer und Schmand (Sauerrahm) verrühren.
7. Petersilie fein hacken oder Kresse abschneiden.
8. Die noch warmen Kartoffelscheiben auf zwei Teller verteilen und mit der Creme bestreichen.
9. Mit Eihälften und Oliven garnieren und mit Petersilie oder Kresse bestreut servieren.

2 Personen | Pro Portion ca. 600 kcal, 22 g Eiweiß, 40 g Fett, 36 g Kohlenhydrate
Glutenfrei | Schmeckt Kindern

ZWIEBEL-QUINOA-QUICHE

Für den Mürbteig:
300 g Mehl | 200 g Butter |
50 ml Wasser | Salz |
1 EL Rapsöl

Für die Füllung:
100 g Quinoa | 500 g Zwiebeln | 1 EL Rapsöl | 125 ml Weißwein |
½ TL Zucker | 1 EL Suppenwürze | 100 ml Schmand (Sauerrahm) | 2 Eier |
Salz, Pfeffer | 10 schwarze Oliven | Kräuter zum Garnieren (Koriander,
Petersilie oder Minze)

Zubereitung Mürbteig:

1. Aus Mehl, Butter, Wasser und Salz einen Mürbteig kneten, zu einer Kugel formen, in Folie wickeln und 30 Minuten im Kühlschrank ruhen lassen.
2. Backofen auf 180 Grad vorheizen.
3. Eine Quicheform (26 cm Durchmesser) mit 1 EL Rapsöl ausstreichen.
4. Den Teig auf einer bemehlten Arbeitsplatte ausrollen. Falls er zu brüchig ist, vor dem Ausrollen etwas Öl zugeben und nochmals kräftig durchkneten.
5. Den Boden der Quicheform mit dem Teig auslegen und am Rand etwas hochdrücken.

Zubereitung Füllung:

1. Quinoa in der doppelten Menge Wasser mit einer Prise Salz aufkochen und 20 Minuten zugedeckt bei kleiner Hitze ausquellen lassen.
2. Zwiebeln schälen und in dünne Scheiben schneiden.
3. Rapsöl in einer Pfanne erhitzen und Zwiebeln darin andünsten.
4. Mit dem Weißwein ablöschen und etwas einkochen lassen.
5. Mit Salz, Zucker und Suppenwürze abschmecken und die gekochte Quinoa unterrühren.

Die Zwiebel-Quinoa-Mischung auf dem Teig verteilen. Schmand (Sauerrahm) mit Eiern in einer Schüssel verrühren, mit Salz und Pfeffer abschmecken und über die Quiche verteilen.
Quiche im Backofen 25–30 Minuten bei 180 Grad backen. Die Quiche mit Oliven und Kräutern belegen.

10–12 Portionen | Pro Portion ca. 300 kcal, 5 g Eiweiß, 19 g Fett, 26 g Kohlenhydrate

MOHRRÜBENCURRY MIT KICHERERBSEN

2 Mohrrüben | 1 Gelbe Rübe | 1 Zwiebel | 2 Knoblauchzehen | 1 Stück Ingwer, ca. 1 cm | Chilischote nach Geschmack | 2 EL Rapsöl | ½ TL Kurkuma | 1 TL Koriander, gemahlen | Salz | 1 EL Suppenwürze | 1 EL Senfkörner | 50 ml Kokosmilch | 150 ml Wasser oder Gemüsebrühe | 200 g Kichererbsen (Dose) | Saft einer ½ Zitrone | Petersilie oder Koriander zum Garnieren

1. Mohrrüben und Gelbe Rübe waschen, putzen und in grobe Stücke schneiden.
2. Zwiebel, Knoblauch und Ingwer schälen und fein hacken.
3. Chilischote waschen, halbieren, entkernen und ebenfalls fein hacken.
4. Knoblauch, Ingwer, Zwiebel und Chili mit Rapsöl, Kurkuma, Koriander, Salz und Suppenwürze zu einer Paste verarbeiten.
5. Senfkörner in einem Topf trocken anrösten, dann die Paste zugeben und mit Kokosmilch und Wasser oder Brühe aufgießen.
6. Gemüse dazugeben und 10–15 Minuten weich kochen.
7. Zum Schluss die abgetropften Kichererbsen unterrühren, mit Zitronensaft abschmecken und gut vermischen. Mit grob gehackten Kräutern garniert servieren.

Mit Curry bitte vorsichtig würzen. Curry ist die Bezeichnung für indische Gewürzmischungen, deren Schärfegrad je nach Zusammensetzung variiert. Nicht zu stark erhitzen, Curry wird sonst bitter.

2 Personen | Pro Portion ca. 310 kcal, 9 g Eiweiß, 17 g Fett, 28 g Kohlenhydrate
Laktosefrei | Glutenfrei | Vegan | Leichte Küche | Scharf

BOHNEN-GEMÜSE-AUFLAUF

150 g Bohnen (Schwarzaugen-, Mungbohnen oder rote Bohnen) | 2 Scheiben Schwarzbrot | 400 ml Milch |
1 Zwiebel | 2 Knoblauchzehen | 1 Stück Ingwer, ca. 1 cm | Chilischote nach Geschmack | 1 Apfel |
5 Aprikosen, getrocknet | 1 EL Rapsöl | 1 TL Garam Masala | 125 ml Gemüsebrühe | 30 g Rosinen |
50 g rote Linsen | ½ Bund Petersilie | 1 Ei | ½ TL Kurkumapulver | Salz

1. Bohnen mindestens 8 Stunden einweichen. Wasser dann abgießen und Bohnen gut bedeckt mit frischem Wasser aufkochen. Bei mittlerer Hitze 40–50 Minuten zugedeckt weich kochen.
2. Brot in der Hälfte der Milch einweichen.
3. Zwiebel, Knoblauch und Ingwer schälen und fein hacken. Chilischote waschen, halbieren, entkernen und fein hacken. Apfel vierteln, Kerngehäuse entfernen und in Würfel schneiden. Aprikosen ebenfalls in Würfel schneiden.
4. Öl in einem Topf erhitzen und Zwiebel, Knoblauch, Ingwer und Chili darin anrösten. Mit Garam Masala würzen, kurz mitrösten. Apfel, Aprikosen, Gemüsebrühe, Rosinen und Linsen zugeben und 5–7 Minuten dünsten.
5. Brot ausdrücken und mit einer Gabel zerpflücken.
6. Petersilie waschen und fein hacken.
7. Die gekochten Bohnen mit Petersilie und Brot vermischen und zum Linsengemüse geben. Alles gut verrühren und in eine Auflauf-Form füllen.
8. Restliche Milch mit Ei, Kurkuma und Salz vermischen und über dem Auflauf verteilen.
9. Im Backofen 30 Minuten bei 160 Grad backen.

2 Personen | Pro Portion ca 820 kcal, 52 g Eiweiß, 30 g Fett, 83 g Kohlenhydrate

KREOLISCHER GUMBO MIT KICHERERBSEN

1 Zwiebel | 2 Knoblauchzehen | Chilischote nach Geschmack | 1 rote Paprikaschote | 4 Stangensellerie | 10 Okraschoten | 2 EL Rapsöl | 1 EL Paprikapulver | 1 Dose geschälte Tomaten | 100 ml Wasser | 1 EL Suppenwürze | 100 g Zuckermais (Dose) | 2 EL Sojasauce (glutenfrei) | Salz | 1 TL Oregano, getrocknet | 2 EL Tomatenmark | 200 g Kichererbsen (Dose)

1. Zwiebel und Knoblauch schälen und in grobe Stücke hacken.
2. Chilischote waschen, halbieren, entkernen und in Ringe schneiden.
3. Paprika waschen, halbieren, entkernen und in Streifen schneiden.
4. Stangensellerie waschen, putzen und in Scheiben schneiden.
5. Okraschoten waschen und halbieren.
6. Rapsöl in einem Topf erhitzen. Zwiebel, Knoblauch und Chili darin andünsten.
7. Mit Paprikapulver würzen und geschälte Tomaten dazugeben.
8. Wasser und Suppenwürze zugeben.
9. Gemüse und Zuckermais, Sojasauce, Salz, Oregano und Tomatenmark zugeben, alles gut verrühren und 10–15 Minuten bissfest kochen.
10. Zum Schluss die abgetropften Kichererbsen unterrühren und nochmals aufkochen.

Die Okra, auch Gemüse-Eibisch, Gumbo oder Ladyfingers genannt, ist ein beliebtes Fruchtgemüse in Afrika. Der beim Kochen abgesonderte Schleim ist anfangs gewöhnungsbedürftig, aber er hat eine positive Wirkung auf die Verdauungsorgane. Das kalorienarme Gemüse enthält außerdem Eisen, Kalzium, Vitamin A, B_1, B_2 und Vitamin C.

2 Personen | Pro Portion ca. 250 kcal, 15 g Eiweiß, 4 g Fett, 36 g Kohlenhydrate
Laktosefrei | Glutenfrei | Vegan | Scharf | Leichte Küche

GEBACKENE KARTOFFELN

250 g Quinoa | 12 kleine Kartoffeln, festkochend | 1 Zwiebel | 3 Knoblauchzehen | 1 EL Öl | Chilischote nach Geschmack | ½ Bund Petersilie | ½ Bund Koriander | 250 g weiße Bohnen (Dose) | Salz, Pfeffer | Saft einer ½ Zitrone | 2 EL Kartoffelstärke | Olivenöl zum Backen | Blattsalate und Radieschen zum Garnieren

1. Quinoa in der doppelten Menge Salzwasser aufkochen und zugedeckt bei mittlerer Hitze 20 Minuten ausquellen lassen.
2. Kartoffeln waschen und gut bedeckt mit Wasser ca. 20 Minuten weich kochen, dann kalt abschrecken und schälen.
3. Zwiebel und Knoblauch schälen, fein hacken und in 1 EL Öl kurz braten.
4. Chilischote waschen, halbieren, entkernen und fein hacken. Kräuter von den Stielen zupfen.
5. Weiße Bohnen abtropfen lassen und mit kaltem Wasser abspülen.
6. Quinoa mit weißen Bohnen, Zwiebeln, Knoblauch, Chili, Kräutern, Salz, Pfeffer, Zitronensaft und Kartoffelstärke in der Küchenmaschine pürieren.
7. Kartoffeln mit der Mischung ummanteln und in heißem Öl ausbacken.
8. Mit Blattsalaten und Radieschen garnieren.

4 Personen | Pro Portion ca. 590 kcal, 17 g Eiweiß, 19 g Fett, 85 g Kohlenhydrate
Laktosefrei | Glutenfrei | Vegan | Scharf

TOFU-GEMÜSE-CURRY

200 g Tofu | 1 Salatgurke | 4 Stangensellerie | ½ Stange Lauch | Chilischote nach Geschmack | 1 Bio-Limette | 1 Orange | 3 EL Soja- oder Erdnussöl | 100 ml Kokosmilch | 1–2 EL Currypulver | Salz

1. Tofu in Würfel schneiden.
2. Gurke waschen und schräg in Streifen schneiden.
3. Stangensellerie und Lauch waschen, putzen und ebenfalls schräg in Streifen schneiden.
4. Chilischote waschen, halbieren, entkernen und fein hacken.
5. Limette waschen und von der Schale Zesten abziehen.
6. Orange halbieren und Saft auspressen.
7. Einen Wok oder eine Pfanne mit dem Öl erhitzen.
8. Tofu knusprig anbraten.
9. Gemüse und Limetten-Zesten zugeben und unter Rühren braten.
10. Mit Orangensaft ablöschen und kurz weiter braten. Kokosmilch, Currypulver und Salz zugeben und gut vermischen.

Tofu kann sowohl naturbelassen als auch geräuchert verwendet werden. Geräucherter Tofu ist intensiver im Geschmack und meist auch etwas fester. Wenn es schnell gehen muss, kann Tofu auch ohne anzubraten verwendet werden.

2 Personen | Pro Portion ca. 390 kcal, 18 g Eiweiß, 30 g Fett, 13 g Kohlenhydrate
Laktosefrei | Glutenfrei | Vegan | Scharf

VIERKORNRISOTTO MIT PESTO

1 Zwiebel | 2 Knoblauchzehen | 2 EL Olivenöl | 150 g Vierkorn-Risotto-Mischung (Emmer-, Waldstaude-, Einkorn-, Roggenreis) | 50 ml Weißwein | 400–450 ml Wasser oder Gemüsebrühe | 1 EL Suppenwürze | 4 EL Basilikum- oder Petersilien-Pesto (aus dem Glas) | 4 EL Sojasahne | 50 g Parmesan | Olivenöl zum Beträufeln und Kräuter zum Garnieren

1. Zwiebel und Knoblauch schälen und fein hacken.
2. Olivenöl in einem Topf erhitzen, Zwiebel und Knoblauch darin anrösten.
3. Den Getreidereis zugeben und kurz weiterrösten.
4. Mit Weißwein ablöschen und mit Wasser oder Gemüsebrühe nach und nach aufgießen.
5. Mit Suppenwürze abschmecken.
6. Risotto unter Rühren und Zugabe von Wasser oder Gemüsebrühe 15–20 Minuten kochen, bis das Getreide weich ist. Pesto, Sojasahne und geriebenen Parmesan unterrühren. Risotto anrichten, mit Olivenöl beträufeln und mit Kräutern garnieren. Bei Bedarf mit Salz und Pfeffer nachwürzen.

Die Vierkorn-Risotto-Mischung besteht aus diversen Getreidereissorten, die im Grunde beliebig vermischt werden können. Wählen Sie Ihr Lieblingsgetreide aus den Sorten Dinkelreis, Haferreis, Emmerreis, Einkornreis oder Waldstaudekornreis.

2 Personen | Pro Portion ca. 790 kcal, 20 g Eiweiß, 49 g Fett, 62 g Kohlenhydrate
Schmeckt Kindern

hauptspeisen

INDISCHER AUBERGINENEINTOPF

1 Aubergine | 4 Kartoffeln, festkochend | 1 Stück Ingwer, ca. 1 cm | ½ Stange Lauch | 2 EL Rapsöl |
½ TL Kurkuma, gemahlen | Salz | 1 Dose Tomaten, gewürfelt | 100 ml Wasser | 1 EL Suppenwürze |
1 Bund Koriander oder Thaibasilikum

1. Aubergine waschen, vierteln und in Scheiben schneiden.
2. Kartoffeln schälen, halbieren und in Scheiben schneiden.
3. Ingwer schälen und fein hacken.
4. Lauch putzen, waschen und in Ringe schneiden.
5. Öl in einem Topf erhitzen und Gemüse darin kräftig anbraten.
6. Mit Ingwer, Kurkuma und Salz würzen. Tomaten, Wasser und Suppenwürze zugeben, alles gut durchmischen und 20 Minuten weich kochen.
7. Kräuter waschen und fein hacken.
8. Eintopf mit Koriander oder Thaibasilikum bestreut servieren.

2 Personen | Pro Portion ca. 230 kcal, 6 g Eiweiß, 11 g Fett, 27 g Kohlenhydrate
Laktosefrei | Glutenfrei | Vegan | Leichte Küche

LASAGNE MIT POLENTA

Für die Polenta:
Chilischote nach Geschmack | 2 Knoblauchzehen | 500 ml Wasser | 1 Prise Muskatnuss | 1 Lorbeerblatt | 150 g Polenta

Für den Sugo:
100 g Sojagranulat | 1 Zwiebel | 300 g Wurzelgemüse (Sellerie, Mohrrübe, Gelbe Rübe, Pastinaken) | 2 EL Olivenöl | Salz, Pfeffer

Für die Béchamelsauce:
1 EL Butter | 1 EL Dinkelmehl | 300 ml Milch | Salz, Pfeffer | 1 Prise Muskatnuss

Butter zum Einfetten der Form | 50 g Parmesan

Zubereitung Polenta:
1. Chilischote waschen, halbieren, entkernen und fein hacken.
2. Knoblauch schälen und fein hacken.
3. Wasser mit Chili, Knoblauch, Muskat und Lorbeerblatt aufkochen.
4. Polenta einrühren, Hitze reduzieren und unter Rühren 10–15 Minuten zu einem Brei kochen.
5. Lorbeerblatt entfernen, Polentabrei ca. 2 cm dick auf ein Backblech streichen und auskühlen lassen.

Zubereitung Sugo:
1. Sojagranulat gut bedeckt in warmem Wasser 15 Minuten einweichen.
2. Zwiebel schälen und fein hacken. Wurzelgemüse waschen und grob raffeln.
3. Olivenöl in einem Topf erhitzen. Zwiebel und Wurzelgemüse darin andünsten.
4. Sojagranulat mit der Flüssigkeit ebenfalls zugeben, mit Salz und Pfeffer würzen und zu einer Sauce einkochen.

Zubereitung Béchamelsauce:
1. In einem weiteren Topf Butter schmelzen. Mehl darin unter Rühren anrösten. Mit der Milch aufgießen und unter Rühren aufkochen.
2. Mit Salz, Pfeffer und Muskatnuss würzen – einige Minuten zu einer Béchamelsauce einkochen.

Eine Auflaufform mit Butter ausstreichen, dann schichtweise mit Polenta und Sugo auffüllen. Mit Béchamel abschließen. Parmesan reiben, die Lasagne damit bestreuen und im Backofen 35 Minuten bei 150 Grad backen.

2 Personen | Pro Portion ca. 830 kcal, 47 g Eiweiß, 33 g Fett, 85 g Kohlenhydrate
Scharf

GULASCH VON PFIFFERLINGEN

1 Zwiebel | 3 Knoblauchzehen | ½ milde rote Pfefferoni | 300–400 g Pfifferlinçe | 3 EL Rapsöl |
1 TL Majoran, getrocknet | 2 Lorbeerblätter | ½ TL Kümmel, gemahlen | 1 EL Paprikapulver, edelsüß |
3 EL Apfelessig | 200 ml Wasser | 1 EL Suppenwürze | 100 g Sojasahne

1. Zwiebel und Knoblauch schälen und fein hacken.
2. Pfefferoni fein hacken.
3. Pfifferlinge mit einem feuchten Tuch putzen und in Streifen schneiden.
4. 1 EL Rapsöl in einem Topf erhitzen. Zwiebel, Knoblauch und Pfefferoni darin anrösten.
5. Mit Majoran, Lorbeer, Kümmel und Paprikapulver würzen, kurz weiterrösten und dann mit Essig ablöschen. Mit Wasser aufgießen.
6. Suppenwürze und Sojasahne zugeben, alles gut verrühren und zu einer Sauce einkochen.
7. In einer großen Pfanne das restliche Rapsöl erhitzen und die Pfifferlinge kräftig anbraten.
8. Die Sauce zugeben und die Pfifferlinge 5–10 Minuten weich kochen.

Gulasch von Pfifferlingen – in Österreich Eierschwammerl genannt – wird klassisch mit Semmelknödeln (siehe Rezept Seite 73) serviert.

2 Personen | Pro Portion ca. 240 kcal, 5 g Eiweiß, 24 g Fett, 3 g Kohlenhydrate
Laktosefrei | Glutenfrei | Vegan | Schmeckt Kindern | Leichte Küche

GRIESSNOCKERL AUF ARRABIATA

Für die Grießnockerl:
50 g Butter (Zimmertemperatur!) | 1 Ei (Zimmertemperatur!) | 100 g Hartweizengrieß | Salz, Pfeffer | Muskatnuss | ½ TL Kurkuma, gemahlen

Für die Arrabiata:
1 Zwiebel | 2 Knoblauchzehen | Chilischote nach Geschmack | 4 Tomaten | 2 EL Olivenöl | ½ TL Rosmarin, getrocknet | 1 TL Thymian, getrocknet | 1 TL Zucker | 2 EL Tomatenmark | Salz | 200 g Blattspinat | 100 g Weichkäse (z. B. Camembert)

Zubereitung Grießnockerl:
1. Butter und Ei mit dem Mixer schaumig rühren, dann Grieß, Salz, Pfeffer und Muskatnuss zugeben und den Teig kurz ruhen lassen.
2. Einen Topf mit Salzwasser und Kurkuma erhitzen.
3. Mit 2 Löffeln aus der Grießmasse Nockerl formen und ins kochende Salzwasser geben, Hitze reduzieren und einige Minuten kochen. Sobald die Nockerl oben schwimmen, sind sie gar. Nockerl mit dem Schaumlöffel abschöpfen und abtropfen lassen.

Zubereitung Arrabiata:
1. Zwiebel und Knoblauch schälen und fein hacken.
2. Chilischote waschen, halbieren, entkernen und fein hacken.
3. Tomaten waschen und in Würfel schneiden.
4. Olivenöl erhitzen, Zwiebel, Knoblauch und Chili darin anbraten.
5. Tomaten zugeben und mit Rosmarin, Thymian, Zucker, Tomatenmark und Salz würzen.
6. Blattspinat putzen, waschen und in kochendem Salzwasser kurz blanchieren.
7. Käse in Scheiben schneiden. Arrabiata (Tomatensauce) in eine Auflaufform geben, Blattspinat darüber verteilen, Grießnockerl darauf anrichten, mit Käsescheiben belegen und im Backofen 5 Minuten bei 220 Grad oder auf Grillstufe überbacken.

Scharf

VEGETARISCHE GRAMMELKNÖDEL

Für den Bratensaft:
1 kg Wurzelgemüse (Mohrrüben, Sellerie, Gelbe Rüben o. Ä.) | 2 Zwiebeln | 1 Tomate | 2 EL Olivenöl | 2 EL Tomatenmark | 1 TL Zucker | 1 TL Salz | 10 Pfefferkörner | 2 Lorbeerblätter | 6 Wacholderbeeren | 1 EL Koriandersamen | 1 l Wasser | 100 ml Rotwein | 2 EL Speisestärke

Für die Grammelknödel:
500 g Kartoffeln, mehlig | 125 g Kartoffelstärke | 50 g Weizengrieß | 1 Prise Muskatnuss | ½ TL Salz | 4 große Zwiebeln | 4 Knoblauchzehen | 50 ml Rapsöl | Salz, Pfeffer | 1 TL Kümmel, gemahlen | 1 Bund Petersilie

Zubereitung Bratensaft:

1. Wurzelgemüse schälen und in Würfel schneiden. Zwiebeln fein hacken. Tomate in Würfel schneiden.
2. Olivenöl erhitzen und Zwiebel mit Gemüse darin anbraten.
3. Tomatenmark, Zucker, Salz und Gewürze zugeben.
4. Mit Wasser und Rotwein ablöschen und 1 Stunde bei mittlerer Hitze kochen.
5. Sud durch ein Sieb abgießen, Gemüse entfernen.
6. Speisestärke in etwas kaltem Wasser anrühren, zum Sud geben und nochmals kurz aufkochen.

Zubereitung Grammelknödel:

1. Kartoffeln weich kochen, schälen und durch die Kartoffelpresse drücken.
2. Mit Kartoffelstärke, Grieß, Muskat und Salz zu einem Teig verkneten.
3. Zwiebeln und Knoblauch fein hacken.
4. Rapsöl in einem Topf erhitzen und Zwiebeln mit Knoblauch kräftig anrösten; die Mischung sollte eine schöne dunkle Färbung bekommen. Mit Salz, Pfeffer und Kümmel kräftig abschmecken.
5. Petersilie waschen, fein hacken und zu den Zwiebeln geben. Auskühlen lassen.
6. Aus der Zwiebelmasse kleine Kugeln formen und kurz einfrieren. Die Kugeln lassen sich dann besser zu Knödeln verarbeiten.
7. Teig zu einer Rolle formen und in 8 gleich große Teile schneiden. Teig mit der Hand flach drücken, mit Fülle belegen, zu Knödeln formen und in leicht kochendem Salzwasser 15–18 Minuten gar ziehen lassen. Mit Bratensaft servieren. Dazu passt Sauerkraut.

4 Personen | Pro Portion ca. 570 kcal, 9 g Eiweiß, 19 g Fett, 86 g Kohlenhydrate
Laktosefrei | Vegan

BEUSCHEL VOM SEITAN MIT SEMMELKNÖDELN

Für die Semmelknödel:
2 Zwiebeln | ½ Bund Petersilie | 50 g Butter |
250 g Semmelwürfel | 1 Ei | 250 ml Milch |
Salz, Pfeffer | Muskat

Für das Seitan-Beuschel:
150 g Seitan | 3 Knoblauchzehen | 1 Gelbe Rübe |
1 Mohrrübe | ¼ Knollensellerie | 1 kleine Zucchini |
2 Gewürzgurken | 2 EL Rapsöl | 2 EL Dinkelmehl |
200 ml Wasser | 1 EL Kapern   50 ml Weißwein |
250 g Sojasahne | 2 EL Dijonsenf | Salz |
1 TL Majoran | 4 EL Apfelessig

Zubereitung Semmelknödel:

1. Zwiebeln schälen und fein hacken. Petersilie waschen, trocken schütteln und fein hacken.
2. Pfanne mit Butter erhitzen und die Hälfte der Zwiebeln goldgelb rösten.
3. In einer Schüssel die Semmelwürfel mit gerösteter Zwiebel, Petersilie, Ei, Milch, Salz, Pfeffer und Muskat gut vermischen. Mit den Händen verkneten und dann 4 große oder 8 kleine Knödel formen.
4. In einem großen Topf Salzwasser erhitzen und die Knödel darin bei geringer Hitze 10–15 Minuten gar ziehen lassen. Sobald sie oben schwimmen, sind sie fertig.

Zubereitung Seitan-Beuschel:

1. Seitan in dünne Streifen schneiden.
2. Knoblauch schälen und fein hacken.
3. Gemüse waschen, schälen und in sehr dünne Streifen schneiden (Julienne).
4. Gewürzgurken ebenfalls in feine Streifen schneiden.
5. Rapsöl in einem Topf erhitzen. Restliche Zwiebel und Knoblauch anrösten. Dinkelmehl zugeben, mit Wasser aufgießen, umrühren und dann Gemüse zugeben. Kapern fein hacken und mit Seitan, Weißwein, Sojasahne, Dijonsenf, Salz, Majoran und Essig zum Gemüse geben.
6. Alles gut vermischen, 10–15 Minuten kochen und dann mit den Knödeln anrichten.

4 Personen | Pro Portion ca. 700 kcal, 46 g Eiweiß, 32 g Fett, 57 g Kohlenhydrate

HACKBRATEN MIT SOJA

80 g Sojagranulat | 200–250 ml Wasser | 20 ml Sojasauce | 1 Zwiebel | 2 Knoblauchzehen |
1 Bund Petersilie | 2 EL Sonnenblumenöl | 1 EL Majoran, getrocknet | Salz, Pfeffer | 1 Ei

1. Sojagranulat mit Wasser in einer Schüssel 30 Minuten einweichen.
2. Ausdrücken, mit Sojasauce vermischen und in der Küchenmaschine zerkleinern oder cutten.
3. Zwiebel und Knoblauch schälen und fein hacken.
4. Petersilie waschen und fein hacken.
5. Öl in einer Pfanne erhitzen, Zwiebel und Knoblauch darin kräftig anbraten.
6. Mit Majoran, Petersilie, Salz und Pfeffer würzen.
7. Sojagranulat mit der Zwiebel-Gewürz-Mischung und dem Ei gut vermischen.
8. Eine Auflaufform mit Öl auspinseln und mit den Händen aus der Masse einen Laib formen.
9. Im Backofen 25 Minuten bei 150 Grad backen und dann noch 5 Minuten bei 185 Grad bräunen.
   Mit gebratenem Gemüse und Salat servieren.

2 Personen | Pro Portion ca. 280 kcal, 26 g Eiweiß, 15 g Fett, 11 g Kohlenhydrate
Laktosefrei | Glutenfrei | Schmeckt Kindern | Leichte Küche

Hauptspeisen

TARTE AU CITRON

Für den Mürbteig:
50 g Puderzucker | 100 g Butter | 150 g Mehl | Hülsenfrüchte zum Blindbacken

Für die Creme:
1 Bio-Zitrone | 125 g Butter | 180 g Puderzucker | 12 g Speisestärke | 3 Eier | 2 Eidotter

Für die Schneehaube:
2 Eiweiß | 110 g Zucker

Zubereitung Mürbteig:

1. Aus Puderzucker, Butter und Mehl einen Mürbteig zubereiten und 30 Minuten zugedeckt kühl stellen.
2. Backofen auf 170 Grad vorheizen.
3. Mürbteig ausrollen, in eine gefettete Tarteform (24 cm Durchmesser) legen und den Rand ca. 2 cm hochdrücken.
4. Den Teig mit Hülsenfrüchten belegen und 10 Minuten bei 170 Grad blindbacken. Auskühlen lassen und Hülsenfrüchte entfernen.

Zubereitung Creme:

1. Zitrone heiß waschen, von der Schale Zesten abziehen und Saft auspressen.
2. Butter in einem Topf über Wasserbad schmelzen, Zitronensaft und Zesten zugeben. Dann Puderzucker mit Speisestärke unterrühren und gut vermischen, es darf nicht kochen!
3. Eier und Eidotter (das Eiweiß wird noch benötigt) gut verrühren und zur heißen Buttermasse geben.
4. Ständig rühren, bis eine dickflüssige Creme entsteht.

Die Creme in die Tarte füllen und 20–25 Minuten bei 180 Grad backen. Tarte auskühlen lassen.

Zubereitung Schneehaube:

1. Eiweiß mit Zucker zu Eischnee aufschlagen.
2. Eischnee auf der Tarte verteilen und abflämmen oder 5-7 Minuten bei 220 Grad auf Grillstufe im Backofen nochmals überbacken.

Die Tarte ist im Kühlschrank 3-4 Tage gut haltbar bzw. kann auch portionsweise eingefroren werden.

12 Stück | Pro Portion ca. 440 kcal, 5 g Eiweiß, 24 g Fett, 51 g Kohlenhydrate
Schmeckt Kindern

REISAUFLAUF „WEISSE SCHOKOLADE"

Für den Reisauflauf:
750 ml Milch | 160 g Rundkornreis | 75 g Butter |
150 g weiße Schokolade | 6 Eier | 75 g Zucker |
1 Prise Salz | 1 Vanilleschote | 20 ml Amaretto

Für die Schneehaube:
3 Eiweiß | 110 g Zucker

Zubereitung Reisauflauf:

1. Milch mit Reis und Butter aufkochen und zugedeckt bei mittlerer Hitze 20 Minuten weich kochen.
2. Schokolade in Stücken unterrühren und kurz abkühlen lassen.
3. Eier trennen und Eiweiß mit Zucker und Salz schaumig aufschlagen.
4. Vanilleschote längs aufschlitzen, Mark auskratzen und mit Eidotter schaumig rühren.
5. Den Reis mit Eidottermasse und Amaretto vermischen und Eischnee unterheben.
6. Eine Auflaufform mit Butter einfetten, mit der Reismasse befüllen und ca. 50 Minuten bei 160 Grad backen.

Zubereitung Schneehaube:

1. Eiweiß mit Zucker zu Eischnee aufschlagen.
2. Eischnee auf dem Reisauflauf verteilen und abflämmen oder im Backofen 5–7 Minuten bei 220 Grad oder auf Grillstufe nochmals überbacken.

Den Auflauf mit Obstsalat aus saisonalen Früchten anrichten oder ein Püree aus frischen Früchten (zum Beispiel Erdbeer- oder Himbeermus) oder ein Kompott dazu reichen.

4 Personen | Pro Portionen: 530 kcal, 24,9 Eiweiß, 24,9 Fett, 56,5 g zucker, 6,6 Ballaststoffe

Glutenfrei | Schmeckt Kindern

ZWETSCHGENKNÖDEL IM GLAS

1 Zitrone | 12 Zwetschgen | 25 ml Wasser | 60 g Puderzucker | 10 g Speisestärke |
25 g Butter | 100 g Brösel | 100 g Mascarpone | Mark einer Vanilleschote | 125 g Schlagsahne

1. Zitrone halbieren und auspressen.
2. Zwetschgen waschen, halbieren, entkernen und in Spalten schneiden.
3. Wasser mit den Zwetschgen aufkochen lassen.
4. Die Hälfte des Puderzuckers, die Hälfte des Zitronensaftes und Speisestärke verrühren und unter ständigem Rühren unter die kochenden Zwetschgen mischen, bis sie eindicken. Gut auskühlen lassen.
5. Butter in einer Pfanne schmelzen und die Brösel darin anrösten. Butterbrösel zur Seite stellen.
6. Mascarpone mit restlichem Puderzucker, restlichem Zitronensaft und Mark der Vanilleschote gut verrühren.
7. Sahne aufschlagen und unter die Mascarponecreme rühren.
8. Vier Gläser wie folgt befüllen: Zuerst die Hälfte der Brösel aufteilen, dann mit der Hälfte der Mascarponecreme und ⅔ der Zwetschgen bedecken. Restliche Mascarponecreme einfüllen, mit Bröseln bedecken, mit Zwetschgen garnieren.

4 Personen | Pro Portion ca. 465 kcal, 5 g Eiweiß, 27 g Fett, 47 g Kohlenhydrate
Schmeckt Kindern

SOJAJOGHURTTORTE MIT BEEREN

Für den Mürbteig:
35 g Puderzucker | 70 g Margarine (vegan) | 100 g Mehl | Hülsenfrüchte zum Blindbacken

Für den Biskuit:
140 g Mehl | 100 g Zucker | 1 Pck. Backpulver | 60 g Rapsöl | 110 ml Soja-Drink | 30 g Maisstärke | 2 EL Vanillezucker

Für die Creme:
1 Zitrone | 200 g Früchte der Saison (Erdbeeren, Himbeeren) | 350 g Sojajoghurt | 50 g Puderzucker | 6 g Flohsamenschalenpulver | 4 g Agar-Agar | 150 ml Wasser | 2 EL Zucker | 200 ml Sojasahne | 1 Pck. Sahnesteif

1 Pck. Tortenguss, rot (vegan) | Beeren der Saison

Zubereitung Mürbteig:

1. Alle Zutaten zu einem glatten Teig verkneten und 30 Minuten kühl stellen.
2. Den Backofen auf 170 Grad vorheizen.
3. Mürbteig zwischen zwei Lagen Folie in Größe der Springform ausrollen und auf den Tortenboden legen.
4. Den Teig mit Hülsenfrüchten belegen und 10 Minuten bei 170 Grad blindbacken. Auskühlen lassen und Hülsenfrüchte entfernen.

Zubereitung Biskuit:

1. Alle Zutaten zu einem Teig verrühren.
2. Eine Springform (26 cm Durchmesser) mit Backpapier auslegen und Teig darin glatt streichen.
3. Ca. 25 Minuten bei 170 Grad backen. Herausnehmen, kurz abkühlen lassen. Springformrand entfernen, Biskuit stürzen und auskühlen lassen.

Zubereitung Creme:

1. Früchte waschen, pürieren und in einer Schüssel mit Sojajoghurt und Zitronensaft verrühren.
2. Puderzucker mit Flohsamenschalenpulver vermischen, zur Joghurtcreme geben und 15 Minuten quellen lassen.
3. Agar-Agar mit Wasser und Zucker aufkochen und 3–4 Minuten kochen lassen. Sojasahne mit Sahnesteif aufschlagen. Agar-Agar in die Joghurtcreme einrühren und zügig die Sojasahne unterheben.

Mürbteig in die Springform legen, Biskuit daraufsetzen, die Creme auf dem Teigboden verteilen und glatt streichen. Mindestens 4 Stunden kalt stellen. Tortenguss nach Packungsanweisung zubereiten, Torte damit überziehen, aus der Form lösen und mit Beeren der Saison dekorieren.

12 Stück | Pro Stück ca. 297 kcal, 5 g Eiweiß, 14 g Fett, 38 g Kohlenhydrate
Vegan | Schmeckt Kindern | Laktosefrei

MALLORQUINISCHER MANDELKUCHEN

6 Eier | 250 g Zucker | 1 Vanilleschote | 1 Bio-Zitrone | 300 g geriebene Mandeln | ½ TL Zimt

1. Eier mit Zucker gut 10 Minuten dickschaumig aufschlagen.
2. Vanilleschote längs aufschlitzen und Mark auskratzen.
3. Zitrone heiß waschen und von der Schale Zesten abziehen.
4. Mandeln, Vanillemark, Zitronen-Zesten und Zimt zur Eimasse geben und alles gut verrühren.
5. Eine Springform (26 cm Durchmesser) mit Backpapier auslegen.
6. Teig einfüllen, gleichmäßig verteilen und 45–50 Minuten bei 180 Grad backen.
7. Den Kuchen auskühlen lassen, auf einen Teller stürzen, in beliebige Stücke schneiden, mit Früchten garnieren und mit Puderzucker bestreut servieren.

Mandeln werden durch Rösten aromatischer; dazu die geriebenen Mandeln auf ein mit Backpapier belegtes Blech verteilen und im Backofen bei 190 Grad kurz rösten. Vorsicht, das geht sehr schnell, deshalb bitte nicht unbeaufsichtigt lassen.

12 Personen | Pro Portion ca. 270 kcal, 9 g Eiweiß, 16 g Fett, 23 g Kohlenhydrate
Glutenfrei | Laktosefrei | Schmeckt Kindern

KALTER MILCHREIS

1 Vanilleschote | 100 g Rundkornreis | 400 ml Soja-Drink | 1 Prise Salz | 300 g Sojasahne (vegan) |
1 Pck. Sahnesteif | 60 g Schokolade (vegan) | Schokoladespäne (vegan)

1. Vanilleschote längs aufschlitzen und Mark auskratzen.
2. In einem Topf Rundkornreis mit Vanille, Soja-Drink und Salz aufkochen und 15 Minuten
   zugedeckt bei mittlerer Hitze weich kochen.
3. Sojasahne mit Sahnesteif aufschlagen.
4. Schokolade grob hacken und im Wasserbad schmelzen.
5. Die Hälfte des Milchreises mit der Schokolade und der Hälfte der geschlagenen Sahne vermischen.
6. Restliche Sahne unter die andere Hälfte des Milchreises mischen.
7. Milchreis – je zur Hälfte – in Gläsern anrichten und mit Schokoladespänen dekoriert servieren.

2 Personen | Pro Portion ca. 260 kcal, 5 g Eiweiß, 25 g Fett, 18 g Kohlenhydrate
Glutenfrei | Vegan | Laktosefrei | Schmeckt Kindern

SCHOKO-COOKIES

100 g Zartbitterschokolade (mind. 70% Kakaoanteil) | 125 ml Soja-Drink | 140 g Margarine (vegan) | 200 g Zucker | 1 EL Vanillezucker | 400 g Mehl | 1 Pck. Backpulver | 1 Prise Salz | 25 g Kakaopulver

1. Schokolade grob in Stücke hacken.
2. In einer Schüssel den Soja-Drink mit Margarine, Zucker, Vanillezucker, Mehl, Backpulver, Salz und Kakaopulver vermischen und zu einem Teig verkneten.
3. Schokostückchen unterheben und gut durchkneten.
4. Den Teig zu einer Rolle (4–5 cm Durchmesser) formen und mit einem Messer ca. 2,5 cm dicke Scheiben abschneiden.
5. Backofen auf 170 Grad vorheizen, ein Backblech mit Backpapier belegen.
6. Aus den Teigstücken runde Kekse formen, auf das Backblech legen und 12–15 Minuten backen.
7. Die Kekse auskühlen lassen und nach Wunsch mit Puderzucker bestreut servieren.

Cookie-Teig lässt sich gut auf Vorrat herstellen und in Frischhaltefolie gewickelt einfrieren. Bei Bedarf auftauen, in Scheiben schneiden und backen.

Vegan | Laktosefrei | Schmeckt Kindern

Die Vielfalt und Kreativität der **yamm!**-Speisen
ist Küchenchef **Walter Schulz** und seinem Team
zu verdanken.

Küchenchef **Walter Schulz**, geb. 1958, war viele Jahre Sous Chef und Chef Garde Mange im
Hauben-Restaurant Steirereck in 1030 Wien,
später Küchenchef im Stadtgasthaus Eisvogel in
1020 Wien und leitet seit 2011 das Küchenteam
im **yamm!**.

Sein beruflicher Weg richtete sich vor allem auf
das Etablieren einer gehobenen österreichisch-
bürgerlichen Küche. Belohnt wurden diese Bemühungen unter anderem mit 4 Gault Millau-
Hauben und 2 Michelin-Sternen.

Zu seinem größten beruflichen Abenteuer zählt
das **yamm!**, wo seine Liebe zur österreichischen
Küche vegan und vegetarisch umgesetzt wird –
eine vollkommen neue Erfahrung! Seine Kreativität
wurde 2012 mit dem Gewinn des Vegetarischen
Kitchen Battles in Zürich (Veranstalter Cuisine
sans frontières) gegen das älteste vegetarische
Restaurant der Welt „Hiltl " belohnt.

Philosophie des yamm!-Küchenteams:

- Der Kunde ist unser persönlicher Gast.
- Respektvolles Arbeiten mit Lebensmitteln.
- Einkauf bei vorwiegend regionalen
  Produzenten.
- Verwendung vorwiegend biologisch und
  nachhaltig produzierter Lebensmittel.
- Größtmöglicher Erhalt des Nährwertes.
- Probieren statt Philosophieren.
- Essen ist Genuss, sollte aber für Geist
  und Körper „Medizin" sein.
- Kontakte zu Lieferanten pflegen und
  fördern.
- Erkenntnisse der Ernährungswissen-
  schaft einfließen lassen.

Sous Chef **Josef Lechner**, geb. 1968, machte seine Kochlehre im Ring Bio-Hotel Wilfinger in der Steiermark. Es folgte ein intensiver Einblick in die Vollwertküche im Restaurant Lebenbauer in 1010 Wien. Nach einigen Jahren in der Wiener Hauben-Gastronomie, im Waldviertlerhof und im Catering der Firma Gerstner, verschlug es ihn in den legendären Club K47, wo er unter anderem mit Reinhard Gerer kochte. Seit 2011 bereichert er das **yamm!**-Küchenteam und leistet einen wesentlichen Beitrag zur unverwechselbaren kulinarischen Identität.

Konditormeisterin **Gabriele Weiß**, geb. 1965, begann als Lehrling bei Louis Lehmann in 1010 Wien. Nach ihrer Meisterprüfung war sie einige Jahre bei L. Heiner in 1010 Wien beschäftigt. Es folgte der Schritt in die Selbstständigkeit als Inhaberin der Kaffee-Konditorei G. A. Weiß in 1120 Wien. 2011 entschied sie sich, ihr Können im **yamm!** zu beweisen. Hier wurde sie erstmals in ihrer Karriere mit veganer Ernährung konfrontiert. Sie nahm die Herausforderung sofort an und setzt ihre langjährige Berufserfahrung ein, um vegane Süßspeisen und Backwaren herzustellen. Auf tierische Produkte zu verzichten ist eine Herausforderung, die persönliche Grenzen überschreiten lässt und ein komplett neues Terrain des Konditorhandwerks eröffnet.

yamm! ist stets bemüht, mit gleichgesinnten Lieferanten und Produzenten zusammenzuarbeiten. Wir unterstützen kleinteilige, regional verwurzelte Strukturen in der Landwirtschaft. Unsere Partner beliefern uns mit hochwertigen Zutaten, die mit viel Herzblut angebaut und produziert werden. Genuss kann nur entstehen, wo unter sozialen sowie menschlichen Bedingungen faire und ehrliche Produkte verarbeitet werden. Unsere Gäste schätzen, dass wir verantwortungsvoll mit Lebensmitteln umgehen und daher gewisse Speisen nicht ständig, sondern saisonabhängig verfügbar sind. Die Vielfalt an verschiedenen Raritäten von bereits fast vergessenen Sorten ermöglicht vollkommen neue Genussmomente.

yamm! lebt sein Konzept – in all seinen Facetten und Möglichkeiten. Das Umweltzeichen motiviert uns, stetig unseren Weg voranzutreiben! Daher ist auch abseits der Küche Nachhaltigkeit für uns ein großes Thema. So werden in der Reinigung natürliche Reinigungsmittel bevorzugt, die Mülltrennung und Entsorgung werden genauestens geschult und kontrolliert sowie energiesparende und ressourcenschonende Produkte eingesetzt.

Unseren Mitarbeitern bieten wir faire Arbeitsbedingungen und die Chance, ihre individuellen Stärken einzubringen und gemeinsam mit **yamm!** zu wachsen.

Langfristig soll das **yamm!** mit Unterstützung unserer Gäste und unseres Teams zu einer umfassenden Lifestyle-Marke ausgebaut werden. Wir beschreiten damit neue Wege, die sicherstellen, dass Lebensfreude, Genuss und Individualität mit sozialer und ökologischer Nachhaltigkeit im Einklang sind. **yamm!** soll dabei stets so vielseitig, aufregend und frisch sein wie das Leben!

Danken möchten wir allen, die uns auf unserer Reise begleitet haben und somit ihren Beitrag zur Realisierung unserer Vision leisteten.

Spezieller Dank gilt den MitarbeiterInnen, allen voran unserem Küchenteam unter der Leitung von Küchenchef Walter Schulz. Jedes Team-Mitglied bringt seine Talente ein und verhilft so dem **yamm!** zu seinem guten Ruf. Durch den tatkräftigen Einsatz aller ist das **yamm!** zu dem geworden, was es heute ist.

Großer Dank geht an alle, die mit ihrer Zeit, Energie und ihrem Engagement zur Umsetzung dieses Kochbuches beigetragen haben:

An Frau Dr. Claudia Nichterl, Ernährungswissenschafterin (www.essenz.at), die uns bei der Leitung und redaktionellen Betreuung dieses Projekts wesentlich unterstützt hat.

An Frau Luzia Ellert, Fotografin (www.ellert-fotografie.at), und Frau Gabriele Halper, Food-Stylistin, durch deren Leidenschaft, Kreativität und Professionalität die Präsentation unserer Gerichte nach unseren Vorstellungen verwirklicht werden konnte. Ihrer hervorragenden Arbeit ist es zu verdanken, dass unsere Gerichte so gut aussehen, wie sie schmecken.

An Frau Martina Zwölfer (www.12er.at), die uns die Keramik-Blütenschalen geliehen hat sowie J. & L. Lobmeyr (www.lobmeyr.at), welche Gläser und Glasschalen zur Verfügung gestellt haben.

An Frau Nicola van Ravenstein (www.ravenstein2.de), Grafikerin, für die professionelle Umsetzung des Layouts.

An das Team des Cadmos Verlags (www.cadmos.de), allen voran Frau Brigitte Millan-Ruiz, Geschäftsführerin.

Ein herzliches Dankeschön vor allem auch an unsere zahlreichen Gäste, die unser einzigartiges Konzept schätzen und unser Bemühen für eine lebenswerte, gesunde und nachhaltige Zukunft durch ihre Treue unterstützen.

Copyright©by Cadmos Verlag, Schwarzenbek
Fotos: Luzia Ellert (www.ellert-fotografie.at)
Foodstyling: Gabriele Halper, Wien
Gestaltung und Satz: Nicola van Ravenstein (www.ravenstein2.de)
Projektleitung, Redaktion und Lektorat: Dr. Claudia Nichterl (www.essenz.at), **yamm!**-Team
Druck: Westermann Druck, Zwickau

Für die Richtigkeit der Angaben wird trotz sorgfältiger Recherche keine Haftung übernommen.

Die Deutsche Nationalbibliothek verzeichnet diese Publikation in der Deutschen Nationalbibliografie; detaillierte bibliografische Daten sind im Internet über http://dnb.ddb.de abrufbar.

Printed in Germany

ISBN: 978-3-8404-7031-8